EVITA CAER ESTANDO EN LA CIMA

EVITA CAER ESTANDO EN LA CIMA

ANÁLISIS PARA UN LIDERAZGO GENUINO. VOLÚMEN 2

Miguel Ángel Valdez

Número de Control de la Biblioteca del Congreso de EE. UU.:   2018909594
ISBN: Tapa Blanda   978-1-5065-2621-8
             Libro Electrónico   978-1-5065-2620-1

Biblia Sagrada. Biblia Sagrada, editora Ave Maria, São Paulo, ed. claretiana, Copyright © 2008. Utilizadas con permiso.

Información de la imprenta disponible en la última página.

Fecha de revisión: 07/03/2024

Para realizar pedidos de este libro, contacte con:
Palibrio
1663 Liberty Drive, Suite 200
Bloomington, IN 47403
Gratis desde EE. UU. al 877.407.5847
Gratis desde México al 01.800.288.2243
Gratis desde España al 900.866.949
Desde otro país al +1.812.671.9757
Fax: 01.812.355.1576
ventas@palibrio.com
782720

ÍNDICE

INTRODUCCIÓN vii

CAPÍTULO I
RECIÉN ASCENDIDO

TEMA 1   RESPONSABILIDAD 3
TEMA 2   MOTIVACIÓN 6
TEMA 3   ENTUSIASMO 9
TEMA 4   ERRORES DE LIDERAZGO 11
TEMA 5   PACIENCIA 13
TEMA 6   RESPETO 15
TEMA 7   LOS VALORES DE LIDERAZGO 18
TEMA 8   LA ACTITUD DE UN BUEN LÍDER 22

CAPITULO II
LO QUE HACE A UN LÍDER EJEMPLAR

TEMA 1   CUIDA A TU FAMILIA 27
TEMA 2   HAZ TU TIEMPO PRODUCTIVO 30
TEMA 3   CONFLICTOS EN LA ORGANIZACIÓN 33
TEMA 4   25% CUARTA PARTE DE UN
         EMPRESARIO 100% 35
TEMA 5   ÉXITO O AMBICIÓN 37
TEMA 6   PRIMEROS EJEMPLOS DE PROSPERIDAD 39
TEMA 7   LIDERAZGO EN COMODIDAD CARNAL 41
TEMA 8   CÓMO ALIMENTAR ALMA Y ESPÍRITU 45

CAPITULO III
MÉTODOS DE CRECIMIENTO

TEMA 1   DECIDE SER POSITIVO 51
TEMA 2   TODO EN LA VIDA TIENE UN PRECIO 54
TEMA 3   FUNCIÓN DE LOS CINCO SENTIDOS............... 57
TEMA 4   CÓMO EDUCAR NUESTRO OÍDO EXTERNO.... 60
TEMA 5   EL OÍDO MEDIO.................................... 62
TEMA 6   CÓMO ELEGIMOS LO QUE
         ENTRA A LA MENTE................................ 63
TEMA 7   CÓMO CONSERVAR LO QUE TE CONVIENE 65
TEMA 8   LÍDERES ESCALANDO HACIA LA CIMA,
         TOMADOS DE LA MANO............................. 67

CAPITULO IV
ENRIQUECE TU PERSONALIDAD

TEMA 1   EJEMPLO DE PERSONALIDAD COLÉRICO-
         SANGUÍNEO
         (PEDRO EL APÓSTOL) 73
TEMA 2   CARACTERÍSTICAS DE UN COLÉRICO 75
TEMA 3   DEFECTOS DE LA PERSONALIDAD COLÉRICA.... 77
TEMA 4   PERSONALIDAD SANGUÍNEA........................ 78
TEMA 5   MELANCÓLICO
         EJEMPLO DE JACOB 81
TEMA 6   PERSONALIDAD FLEMÁTICA
         EJEMPLO DE MOISÉS............................... 84
TEMA 7   DEFECTOS DE LOS FLEMÁTICOS 86
TEMA 8   CUALIDADES DEL FLEMÁTICO...................... 87
CONSIDERACIONES FINALES............................. 89

CITAS BÍBLICAS... 93

INTRODUCCIÓN

Bienvenido al contenido de este pequeño libro, donde encontrará las bases para mantenerse de forma continua y firme, en todo aquello en que se haya trabajado con esfuerzo: Llámese compañía, empresa o cualquier liderazgo sostenido, a través de un trabajo colaborativo, que le lleve a la cima del éxito.

Mantenerse, requiere de una lucha constante, para mostrar un liderazgo ejemplar a sus liderados.

El líder se convierte entonces, en un guía de conocimiento y preparación, para sostener un equilibrio permanente, en una meta común.

Presentaré consejos básicos, que sirvan de herramientas llegada la hora en que se encuentre en la cima, en su zona de trabajo.

Recomiendo una lectura cuidadosa de cada tema. Aunque probablemente encuentre información que pueda incomodar, porque casi siempre para nuestro beneficio, en el transcurso del camino, existe alguna situación difícil a la que nos hemos o no, enfrentado. Pero permítame felicitarle por continuar, invitándole a descubrir lo que antes no se había descubierto en un liderazgo.

CAPÍTULO I

RECIÉN ASCENDIDO

Siempre me gusta mencionar el siguiente proverbio, por lo acertado que aplica en cuanto a las relaciones interpersonales: Te reciben como te presentes, y te despedirán según te hayas comportado.

TEMA 1

RESPONSABILIDAD

Una persona que ha llegado a la cima, sea cual sea su trayecto de ascenso, tuvo que abrirse paso ante las adversidades, obteniendo como recompensa, un nivel de liderazgo por su influencia sobre sus liderados, gracias a que les ha valorado y mostrado la vía para ascender continuamente en su misma dirección.

Mantenerse como líder, implica gran compromiso y responsabilidad. Menciona un refrán: Entre más alto estés, menos oxígeno tendrás que respirar.

Un verdadero líder, saca su brillo cuándo las cosas no apuntan a su favor. Establece como hábito, la búsqueda de la estabilidad constante para no perder su posición.

Debe estar consciente que llegó a ese nivel motivado por la decisión de alcanzar un sueño o cubrir una necesidad. A mayor nivel, mayor responsabilidad. Lo que se traduce en que se enfrentará a momentos de gran presión, donde como ser humano, puedes tener dudas, incluso temor. Pero el seguir adelante, le hará fuerte y responsable.

No temas, el miedo es natural en la humanidad, si este no existiera, no habría manera de descubrir la valentía y fortaleza en momentos difíciles. Guiar personas, requiere de tomar decisiones. De valor y responsabilidad.

A continuación, menciono dos actitudes que pueden provocar la caída de un líder, ya sea en relaciones interpersonales, en una libre empresa, o multinivel o cualquier otra área, sino se trabaja en ellas.

1 CAER EN LA PROCRASTINACIÓN (Es la acción o hábito de posponer actividades, situaciones, que requieren ser atendidas, por otras de menor importancia o más agradables).

Es fácil caer en la procrastinación, pues en el diario vivir, aparecen situaciones que pueden distraernos, ante las cuales se debe ser firme, evitando desvíen nuestro camino.

La peor decisión es dejar para mañana lo que puedes hacer hoy, porque nuevas situaciones o actividades surgen cada día. No atenderlas en tiempo y forma, provocará una sensación de caos y frustración.

La falta de organización, dificultad para dar prioridades, la baja tolerancia a la presión, son razones por las cuales, un líder con poca experiencia, acumula estrés. Lo cual trae como consecuencia también, que los demás pierdan la confianza y credibilidad en él.

2 CULPAR A OTROS

Es muy fácil culpar a otros cuando las cosas no salen bien, o si no consigues lo que quieres.

Aun cuando existe la planificación, suelen suceder cuestiones imprevistas. Entendamos que estamos en la vida real, y nada es fácil. Y si así lo fuera, todo mundo estaría en la cima.

Un líder tiene que estar convencido de que no hay culpables, solo soluciones.

En las relaciones interpersonales, todo lo que des a otros, se te devolverá con la misma intensidad. Da lo bueno de ti y recibirás lo mismo.

La persona que culpa, muy a menudo es una persona insegura. Por tanto, un líder inseguro, liderará personas inseguras, porque ese es su reflejo. Por tal motivo, no permanecerá mucho tiempo donde está.

TEMA 2

MOTIVACIÓN

No hay duda que, lo poco o mucho que cada persona ha logrado en su vida, tiene relación con su motivación.

Las personas que inician proyectos o actividades, pero nunca las concluyen, carecen de una motivación interna, porque existe también una externa, que se encuentra en cualquier parte en la calle, que puede distraerlo.

La mente juega un papel fundamental en el desempeño y el desarrollo del potencial del individuo. Gracias a ella, podemos o no, llegar al logro de nuestros objetivos o sueños.

Cuando esa meta es interiorizada y permite que su mente cierre la puerta y nunca salga de allí, en esa estancia externa, nacerá un sueño por terminarlo, cueste lo que cueste, eso constituirá una motivación permanente.

El individuo requiere de estar motivado continuamente. Siendo el motor que le permita alcanzar sus objetivos. Tan importante es, como el alimento, el aseo, el descanso.

Amanera de ejemplo, te comento que existe un juguete tradicional mexicano, llamado trompo.

Generalmente es de madera. Previo a ser lanzado, se sujeta en la mano. Se toma la punta del cordón y se enrolla hacia arriba. Se coloca el dedo índice en la parte superior y el pulgar en la punta.

Posteriormente el trompo es lanzado hacia el suelo, y se estira hacia atrás del cordón, imprimiendo un movimiento horizontal de giro con el brazo con una sacudida vertical hacia abajo.

Al estirar hacia atrás del cordón, se ejerce una fuerza que hace que el trompo gire sobre sí mismo. Acabada esa fuerza, queda inmóvil en el suelo.

Lo mismo sucede con la motivación personal, por lo que, un líder debe estar girando en su posición de liderazgo para que sus liderados sigan su ejemplo.

Si eres un líder que está en la cima, no permitas que la motivación de la cuerda (tus metas, sueños, compromiso), pierda fuerza.

Motivación y entusiasmo van de la mano, de lo contrario, irremediablemente caerás como líder.

TEMA 3

ENTUSIASMO

El entusiasmo es muy importante en los senderos del liderazgo, aunque un tanto difícil de mantenerlo, porque estamos sometidos a mucho estrés, dada la responsabilidad que se tiene.

La motivación se fortalece a través de la asistencia a eventos, seminarios, convenciones, organizados por la empresa. De esta manera la motivación impulsa al líder a trabajar con ahínco, y a superarse cada día.

Debe comprender, que su trabajo al realizarlo con afán, amor, motiva y contagia a sus seguidores, a hacerlo de la misma manera.

¿Cómo permanecer entusiasmado?

Se necesita favorecer un crecimiento interno, que fortalezca la actividad de trabajo entre el líder y los seguidores, construyendo una carretera de doble sentido, es decir, que el líder motive a los liderados y éstos al líder, a manera de vaivén sincronizado y constante.

Esa armonía y sincronía, será marcada por el líder. El secreto será que mantenga una siembra motivacional, que sirva a ambos y les permita escalar nuevos niveles. Donde la comunicación y el trabajo, son indispensables.

Un vehículo con motor de gasolina o diésel, tiene un sistema que trabaja de forma parecida, con una armonía de trabajo que evita que éste pare. Tiene corrientes eléctricas que lo mantienen en funcionamiento. El motor tiene un generador, que produce electricidad y la envía al acumulador. Este último la guarda, y esparce a las demás partes eléctricas en funcionamiento, incluyendo al generador mismo, para que el motor esté en marcha.

Si el generador o acumulador dejan de trabajar, el motor se apaga. Entonces, uno de estos dos será remplazado. Lo mismo sucede en grandes empresas, si no se estableció una armonía enérgica de trabajo, motivación y entusiasmo.

En relaciones humanas los errores están de pie para entrar en tus acciones. Quien no los comete, entonces no está haciendo nada. Pues solo se aprende de ellos, para evitar que se presenten nuevamente.

TEMA 4

ERRORES DE LIDERAZGO

Un liderazgo de influencia difiere especialmente al autoritario, porque el de influencia, impacta de forma positiva sobre los demás. El autoritario, impone, controla.

Los errores se cometen en todo tipo de liderazgo, son inevitables porque no existe perfección en el ser humano. Solo tenemos que tratar de prevenirlos y aprender de cada uno, según vayan ocurriendo para que no sucedan muy a menudo.

¿De qué manera se llega a la cima y se mantiene en ella?

Los errores son los señalamientos de los líderes conductores para no desviarse ni a diestra ni a siniestra, y llegar a la cima. Le recomiendo la lectura del primer volumen de este libro, para entender el proceso completo que se necesita transitar, para lograr el éxito.

Cada error trae consigo un aprendizaje, un dolor como aviso de alerta, una bofetada y el tercero es un golpe más fuerte, que nos permita despertar, sin desviarnos de nuestra meta.

El líder que ha logrado llegar, no puede darse el lujo de cometer los mismos errores en ese proceso de ascendencia. Caer de un liderazgo, después de lo aprendido, será más doloroso.

La mayoría de los errores se cometen por no trabajar en equipo. Cada empresa tiene reglamentos, estrategias a seguir de acuerdo con sus políticas de trabajo. Laborar en equipo requiere de practicar los mismos principios.

Un líder ascendente no debe ponerse un límite. Quienes se detienen, no llevaron un crecimiento interior.

En una zona forestal que posee un terreno fértil, se encuentran árboles muy jóvenes caídos a consecuencia de que sus ramas rebasaron el crecimiento de su tronco. Que, en un tiempo definido, colapsan porque su peso es excesivo. De igual forma, un líder con una ascendencia rápida por un arduo y fértil trabajo, que no se fortaleció con un crecimiento interior, no podrá sostener la presión y el peso de su grupo de liderados.

Una ascendencia rápida puede ser peligrosa, por falta de paciencia.

TEMA 5

PACIENCIA

Dominar la paciencia es obtener un don personal, es una necesidad que debe nacer en ti. Requiere de autoconocimiento, tolerancia, empatía, comprensión. Trabajar en ella, te brindará grandes beneficios, no solo a nivel personal, sino también en las relaciones que establezcas con los demás.

Diariamente la rutina, la velocidad con la que nos lleva la vida, puede volvernos vulnerables, estresarnos e incluso obligarnos a tomar decisiones arrebatadas, si no la cultivamos. Lamentablemente, no siempre se presta atención a ello.

Se debe ser consciente, que es probable que se falle, pero eso no debe permitir que se retroceda, o se caiga en el desánimo.

Vas a encontrarte invariablemente con personas que te pondrán a prueba, ya sea consciente o inconscientemente. Haz un alto, respira y continúa. La perseverancia es fundamental, y debe ser un ejercicio continuo de vida.

Comparto tres puntos claves para obtener paciencia en tu interior y convertirlo en hábito.

1. Impacientarse y sentirse molesto ante alguien que está cometiendo faltas o errores, debe ser un momento para reflexionar. No se debe olvidar que también se estuvo en esa situación, y que tu papel ahora, es de ser guía y acompañante de los demás.

2. La paciencia es el valor que todo líder debe sembrar, hacer crecer en sí y los demás. Esto hace que no pierdan de vista sus metas.

3. Para cambiar malos hábitos, se deben dedicar tan solo 5 minutos de tiempo, tres ocasiones al día para combatirlos.

Un hábito se cultiva por un promedio de 30 días, dedicándole de 15 a 20 minutos al día.

TEMA 6

RESPETO

En un liderazgo genuino la clave de ganarse el respeto, es respetando a los demás. De esa manera, te será devuelto.

A continuación, te expongo 5 niveles de respeto basados en el liderazgo:

1. El respeto del líder, ya sea por un título o nombramiento. No se gana, solo por esta condición. De ser así, pronto se perderá, siendo su liderazgo temporal.

2. El respeto por el nivel de las relaciones humanas. Se sigue al líder porque él los inspira a hacerlo y lo hacen de toda voluntad, aunque cabe mencionar que, aunque sean relaciones positivas, no son suficientemente vastas para un liderazgo genuino y duradero. Completa este trabajo, la motivación hacia un crecimiento personal para que todo su

grupo, siga su ejemplo, al ascenso a otros niveles, en una base de respeto permanente.

3. El respeto por el trabajo y los resultados obtenidos. En un trabajo colaborativo y compartido, entre líder - liderados, debe existir un mutuo reconocimiento y saber que se tiene que ascender para disfrutar del siguiente nivel.

4. El respeto en medio del desarrollo de un equipo.

   El líder debe tener la capacidad y sensibilidad de reconocer el potencial de las personas que se rodea. Cuando la organización y el trabajo van en ascenso, es necesario brindarles ayuda, demostrando apoyo, más en los momentos difíciles, claves para obtener un ascenso.

   Es necesario utilizar el conocimiento e influencia, para ver cristalizados los sueños y metas, de manera que sientan la seguridad de que nunca estarán solos. A consecuencia, se ganará un respeto sólido.

5. El respeto de la inconformidad.

Para que estar en una alta estima de liderazgo, los grandes líderes siempre insisten hasta conseguir lo que quieren, requiriendo de mucha preparación, ya que una de sus responsabilidades es formar líderes. Algo que debe inculcar, además, es nunca estar conforme con el nivel que se tiene. La meta es seguir ascendiendo. Para lo cual se requiere de esfuerzo compartido. Sin preparación no viene el éxito.

Siempre muestra respeto a los demás no importa que estén equivocados. El líder despectivo ante estas circunstancias, será peor visto. En cambio, el que comprende sus propios errores y los de los demás, siempre los tendrá a su alrededor.

TEMA 7

LOS VALORES DE LIDERAZGO

En la actualidad, existen diferentes estilos de liderazgo: En las relaciones interpersonales, alguna organización de negocios, etc.

No se confunda al líder, con quien solo da órdenes. Hablaríamos más bien de un patrón o jefe. El liderazgo no se puede definir como algo tan simple.

Líder es aquel que establece su propio lugar con una visión de largo alcance, habilidad que otros no tienen. Atrae a sus seguidores con humildad y una actitud positiva, que los impulsa a unirse a su sueño.

Para permanecer en su posición, es necesario un desarrollo bajo 5 valores de liderazgo. Además de ser un luchador incansable, hasta conseguir lo que quiere.

1 EL VALOR ÉTICO

La palabra ética proviene del griego (éthikos), referente al estudio de una acción moral. Es decir, de las normas, costumbres que señalan cómo deben comportarse los integrantes de una sociedad.

2 LA INTEGRIDAD

Permite escalar un nivel alto, pues cada persona es la responsable de actuar, decidir y resolver cuestiones de su comportamiento. Alguien fiable en lo que realiza, genera transparencia en un equipo, pues muestra un compromiso sólido, con su manera correcta de actuar.

3 PUNTUALIDAD

Consiste en administrar el tiempo en las actividades de la mejor manera posible, que nos permita actuar de forma ordenada y así lograr las metas de forma más planificada.

Sin disciplina, es prácticamente imposible obtener firmeza y fortaleza ante las adversidades que se presentan día a día.

Es necesaria para un desarrollo hacia el ascenso firme en cada escala obtenida.

4 LA HUMILDAD

No se confunda humildad con pobreza. Ser humilde se refiere al valor de reconocer en cada uno de nosotros, nuestras debilidades y limitaciones.

Sería la ausencia de la soberbia. La muestran aquellas personas que no se sientes más importantes que otros, a pesar de su rango, grado de estudios, condición económica privilegiada, etc. Incluso pueden ser personas con gran don de servicio.

5 CARISMA

Del latín charisma, y del vocablo griego que significa "agradar". El carisma, es la capacidad que tienen algunas personas de atraer a otros. Un sujeto carismático capta la atención e incluso admiración fácilmente y de forma natural.

El carisma digamos que es algo innato, que conforma una parte de la personalidad del individuo. Se considera una cualidad asociada al éxito. Incluso hay quienes afirman, que es una cualidad que puede entrenarse a través del refuerzo de la autoestima, de sus capacidades como orador y su apariencia.

El líder con esta cualidad, sabe que es la mejor manera de ser bienvenido prácticamente en cualquier lado.

Su energía positiva, nunca le hace perder el sentido de la realidad. Por el contrario, la utiliza para lograr sus fines. Incrementando las posibilidades de solucionar problemas que se presentan en algunos proyectos. Brindando un ánimo organizacional, disponiendo de su tiempo poniendo en marcha soluciones ante conflictos.

TEMA 8

LA ACTITUD DE UN BUEN LÍDER

La actitud positiva es la tarjeta de presentación para un buen líder sin duda alguna. A pesar de las dificultades, presiones, debe mantener la calma para solucionar toda situación. Un reto, es mostrar una actitud positiva, y poder trasmitirlo a los demás. Pasar del descontento a la placidez, no es tarea fácil. Pero, aumenta nuestra producción de la *serotonina* y dopamina, sustancias asociadas con el placer, satisfacción. Poner empeño en ello, hará que se transforme en un hábito y una forma de vida, que traerá grandes beneficios.

Registra por dos semanas o un mes, todo aquello por lo que estés agradecido y te motiva. Un estudio reveló, que quienes lo hacían, se sentían 25% más positivos. Cultiva el agradecimiento. Recuerda a toda aquella persona que haya dejado una huella inolvidable en tu vida. Ve en su búsqueda y exprésale tu sentir.

El optimismo, te permite dejar de lado las lamentaciones, y poner en marcha soluciones.

Una actitud positiva trae beneficios a nuestra salud y fortalece nuestros órganos vitales.

Estadísticas muestran que personas atrapadas en edificios, después de un terremoto, han podido sobrevivir a pesar de sus heridas, gracias a que se mantuvieron con una actitud positiva. Por el contrario, los que pronto perdieron la esperanza, su mente les traicionó para permanecer vivos. Entonces, una actitud positiva, es vida, solución de problemas, es armonía social.

CAPITULO II

LO QUE HACE A UN LÍDER EJEMPLAR

El liderazgo comienza con una decisión. Es difícil que un líder camine en solitario y no cuente con una familia, esposa e hijos al ejercerlo.

TEMA 1

CUIDA A TU FAMILIA

Un líder debe aceptar segundas decisiones y delegar responsabilidades.

Llevar el mismo patrón de ética y de responsabilidad que en el hogar, se reflejará en lo externo.

Permítame citar un pasaje bíblico: *En (primera de Samuel capítulo 2: comienza en el (verso 22.) Vemos la historia del por qué el profeta Elí pierde el liderazgo, al permitir que sus hijos (Ofni y Pinjas) se descarríen y entren en desobediencia. Por eso, el señor lo destituye y pone en su lugar al profeta Samuel.* La permanencia del liderazgo entonces, tiene que comenzar primero dentro de su casa, algo que no es fácil, pero no imposible.

El compartir tiempo a veces es lo más difícil, pero se requiere de administrarse y brindárselo a los liderados. Porque cada miembro de tu familia necesita ser valorado, de lo contrario, los irás perdiendo, y empezarás a buscar culpables.

A continuación 5 puntos claves a seguir para un liderazgo genuino ejemplar en beneficio de los demás y de ti mismo:

1 Se humilde para aprender y busca un mentor. Acepta que un líder nunca deja de aprender, y que nunca lo sabe todo.

2 Identifica los líderes que están dispuestos a pagar el precio para obtener el éxito. Ellos valoraran tu trabajo y esfuerzo, conoce sus sueños. Así estarás seguro que no perderás tu tiempo.

3 Al inicio del mes siéntate con cada uno de ellos para asegurar un mes fructífero de trabajo. Y de la misma forma, asegúrate que mínimo un día por semana dediques un día a convivir con tus hijos, dando uno más a tu esposa, quienes son el mayor sostén en tu liderazgo y motor de vida.

4 Se congruente y honesto con tus valores a través de tus acciones y enseñanzas. Forma lideres íntegros para que atreves del tiempo, tu enseñanza sea una fundación que sostiene una organización trasparente.

5 Se un líder ejemplar para los demás, pero no te confundas, un verdadero líder no busca la fama o adulación. El verdadero líder es humilde.

Nuestro mesías dio el más alto ejemplo de liderazgo, porque se enfocó en sus seguidores, dándoles grandes enseñanzas sellándolas con perseverancia, firmeza, humildad, compasión y amor. Compartiendo las siguientes palabras: *Llevad mi yugo sobre vosotros, y aprended de mí que soy manso y humilde de corazón y hallaréis descanso para vuestra alma (mateo 11: 29.)* Así es un líder genuino y ejemplar.

TEMA 2

HAZ TU TIEMPO PRODUCTIVO

No seas como un cazador que por miedo a fallar solo apunta, pero nunca dispara.

Un verdadero líder necesita fijar sus metas y plantearse las siguientes preguntas:

¿Quién quiero ser?

¿En quién me quiero convertir?

¿Hasta dónde quiero llegar?

¿A quién voy ayudar?

¿Qué es lo que obtendré?

Esta falta de cuestionamientos, acompañadas de la ausencia de metas, provoca que muchos líderes dejen sus fortines como tiradores al blanco.

Para que tu tiempo sea productivo debes delegar responsabilidades, cuando ya se tienen definidos los proyectos y las metas a alcanzar. Ir de lo sencillo, a lo complicado, de tal manera que se vayan cristalizando paulatinamente, de forma planeada y organizada, para no perderse en el camino.

Siempre es necesario que el líder conozca la habilidad, potencial, de cada integrante de su equipo, así cualquier meta o actividad delegada, estará enmarcada en la motivación y no en la frustración.

Claro que habrá desacuerdos, surgidos de la poca experiencia o preparación de los liderados, pero los líderes admiten sus propios errores. Asumen que todo error de equipo es su error.

La experiencia es la que inspira a un líder a dirigir su organización y su estilo de liderazgo define a su vez, el ambiente laboral, por eso su esfuerzo es más grande que la de sus seguidores.

El líder debe inspirar respeto, ganado por el trabajo, dedicación, compromiso, por ser guía, acompañante de sus liderados en el camino hacia el logro de las metas en común. Un jefe, solo impone. El líder es empático y comprensivo, sin dejar de lado la disciplina. Quien toma el control en épocas de crisis, gracias a una buena organización, que trae consigo productividad y beneficios para todos.

TEMA 3

CONFLICTOS EN LA ORGANIZACIÓN

En todas las empresas surgen problemas, por esta razón se requiere una educación en relaciones interpersonales. Una de las claves es: La comunicación. ¿Por qué razón los conflictos bloquean la cooperación para llegar acuerdos de trabajo en equipo?,

Porque la carne es el envase de nuestra Alma y Espíritu. Según los cálculos, el 90% de problemas en los que cae el ser humano están relacionadas con ella. Entonces tenemos que educarla. En la primera edición menciono que estamos formados de tres elementos: Cuerpo, alma y espíritu.

El liderazgo trae tentaciones y es esa la parte física que puede provocar caer en ellas.

La carne invita a las emociones, porque alma y vida están en nuestra sangre (levítico 17: 11.)

Grandes líderes han caído estando ya en la cima por falta de esta educación interna. La constancia es lo que define a un buen líder. Se debe ser fiel a los buenos principios y mostrar fortaleza ante todo aquello que pueda desviarnos de alcanzar nuestros objetivos.

TEMA 4

25% CUARTA PARTE DE UN EMPRESARIO 100%

Esta demás comentar que la infidelidad en ninguna actividad que realices en tu existir funcionará. Es deslealtad.

Un líder no puede estar jugando con los sueños de sus seguidores y ser deshonesto.

El éxito de toda empresa es obtener ganancias en la empresa o producto que promueve. Sus decisiones y ejemplo impactan en sus liderados entonces un líder ejemplar debe conducirse a través de la honestidad y otros valores. No permitir que la carne sea un obstáculo en su avance hacia la cima, pues esta puede ser una de las mayores enemigas.

A continuación, 2 factores que alimentarán tu carne negativamente para que las evites:

1 El primer motivo para que la carne se manifieste en contra del liderazgo es la falta de responsabilidad, ya que se deleita en el placer y el descanso. Le incomoda el esfuerzo. Un líder ascendiendo estos primeros niveles y poseído por este mal, provocará que sus emociones lo inciten a voltear a otra dirección buscando otras empresas que promueven muchas ganancias con poco trabajo y en un corto tiempo. Un líder preparado sabe que en una empresa donde no hay límite de ganancias, se requiere de preparación, dedicación, disciplina. Promueve honestidad a sus productos, consumidores y sobre todo a su empresa.

2 La escasa preparación puede hacer que se confunda la prosperidad o el éxito con la ambición. A la prosperidad se llega actuando con principios. Entonces, ser prospero económicamente implica, tener la sabiduría de saber ganarlo con una base de valores no por acciones carnales, por esta razón la fortuna en las manos muestra la verdad de quien se es por la manera en que se obtuvo.

Claves para una sana estabilidad carnal emocional

1 La primera clave es educar a la mente leyendo libros de liderazgo, pues está comprobado que la lectura moldea la mente y el corazón.

2 Evitar la tentación pecaminosa hacia el sexo opuesto. No podemos vivir sin los deseos carnales, pero la diferencia está en educarlos, para evitar que ellos nos desvíen de las metas en el liderazgo.

TEMA 5

ÉXITO O AMBICIÓN

Debes evitar confundir la prosperidad o el éxito con la ambición.

La codicia te enfoca a lo meramente material, llevándote a dar malos ejemplos o a impulsarte a dar un mal trato a los que te siguen para lograr tus objetivos.

¿Por qué unos poseen éxito y otros no?

El éxito siempre es asociado al aspecto económico. Ser prospero económicamente implica la sabiduría de saber ganarlo y emplearlo. Quien solo codicia lo reflejará al tenerlo en sus manos, pues demostrará quien es en verdad.

Un proverbio muy conocido nos dice que la felicidad completa es tener salud, dinero y amor. Yo añadiría, los valores. Pues de que te sirve la fortuna, si es resultado de pasar por encima de alguien que te sigue y cree en ti. Eso sería ambición.

Por esta razón las opiniones seculares le han dado muchas calificaciones al dinero, *en (Timoteo 6: 10.) se menciona: Porque raíz de todos los males es el amor al dinero. Que, al ser codiciado por algunos, estos se alejaron de la fe y padecieron muchos dolores.*

Una persona que no educa su carne lo incita amar el dinero reflejándose en el trato de quien se rodea en un círculo de ambición. Lo que envíes con la misma fuerza se te devolverá y todo lo que siembres de igual manera cosecharás. Lo que veas en los demás es solo un reflejo de ti. Y con la vara que midas, serás medido.

Al educar tu interior, obtendrás un liderazgo permanente y un buen resultado en el futuro. Captura este mensaje como clave a una prosperidad futura económica y de calidad humana.

TEMA 6

PRIMEROS EJEMPLOS DE PROSPERIDAD

Un ejemplo de prosperidad ha sido nuestro salvador el mesías de Jerusalén. *Él acostumbraba salir a orar al monte de los olivos y en esta ocasión, sus discípulos también le siguieron (Lucas 22:39.) Cuando iba a ser capturado, se alejó de ellos. Orando dijo: Padre, si quieres, pasa de mi esta copa, pero que no se haga mi voluntad, si no la tuya. Sabía que lo iban a apresar y ser muerto, pero su amor a la humanidad era tan grande, que aceptó su destino.*

El amor es el mayor ejemplo de un liderazgo divino.

Siempre se ha malinterpretado que él era pobre, no fue así, más bien fue humilde. *Cuando estaba postrado en el madero (Lucas 23: 32. 33.) y es llevado al lugar llamado "la calavera", junto a dos malhechores para matarlos. Poniéndolos uno a la derecha y otro a la izquierda, dando un mensaje divino a la humanidad, mostrando que existen dos caminos que desvían de la honestidad exhibiéndolos por robar por ambición al dinero, alejándose de un liderazgo genuino.*

En el siguiente (verso 34.) despojado de su vestimenta, el señor (Jesús) decía: "Padre, perdónalos, porque no saben lo que hacen." Y los soldados echaron suertes, repartiéndose entre sí su vestimenta. Porque su traje era único, no tenía costuras, lo cual lo hacía muy valioso, pertenecía a una persona prospera, pero humilde en su liderazgo.

La Biblia registra una casa que según dice el verso, tenía en la playa cuando sale a predicar con la gente sobre la parábola del sembrador

(Mateo 13: 1.). Al educar tu interior, tendrás toda posibilidad de llegar a la prosperidad y mantenerte en ella.

TEMA 7

LIDERAZGO EN COMODIDAD CARNAL

La esencia del hombre y de la mujer desde la creación divina fue formada con tres elementos: cuerpo alma y espíritu.

(Génesis 2: 7) Dios forma al hombre del polvo de la tierra, soplando en su nariz aliento de vida, convirtiéndolo en un ser viviente.

Cuando un ser humano deja de existir, el cerebro y los cinco sentidos (gusto, tacto, oído, olfato, vista) dejan de percibir, porque el alma se apartó del cuerpo y del espíritu. Al cuerpo le es imposible experimentar emociones, dolor, pensar o tomar decisiones, porque hubo una separación de elementos. Deja de tener deseos, descomponiéndose poco a poco hasta unirse a la naturaleza.

El alma por otra parte, es un regalo Divino que existe cuando el cuerpo tiene vida. Experimenta emociones y dolores relacionados con ellas como la muerte de un ser querido, una decepción amorosa, la emoción sexual, ya que alma y vida están en la sangre. Lo dicen las sagradas escrituras en (levíticos 17: 11.) *Puede llevar a dos caminos: el de la vida eterna y el de la condenación, de acuerdo a nuestros actos en la tierra.*

Al morir se separan estos tres elementos: El alma, al camino que se le designo en vida. *El cuerpo se une a la naturaleza de esta tierra, pero el espíritu regresa con nuestro creador. Lo dice en Eclesiastés 12: 1.* El espíritu es, por tanto, parecido a un distintivo divino que indica de dónde venimos y a quien le pertenecemos.

Ahora con esta explicación será más fácil para un líder entender cómo va a tener un liderazgo interno antes del externo las debilidades que te inducen a perder, así como también las fortalezas que te llevan al éxito he aquí a continuación como eduques esos tres elementos que forman tu propio ser.

Creo que en todo liderazgo se ha pasado por momentos en que se experimenta la comodidad, haciendo de lado cierta conciencia por evadir responsabilidades.

Lo correcto es buscar el equilibrio y reconocer el momento en el cual nos estamos estancando en alguna área de la vida profesional, relaciones personales, en tus ejemplos, en tu palabra como líder, en las metas de tus seguidores, en las finanzas. Y lo más triste es que también en tu mentalidad.

La falta de un análisis interno es la razón por que algunos líderes se han quedado a medio camino. No detectaron sus debilidades o áreas de oportunidad. Si bien es cierto que algunas personas nacen con conocimientos, habilidades que van puliendo, también las hay que requieren de mayor disciplina para alcanzarlas.

Llegar al éxito es cómo manejar un auto. Primero debes asegurarte que esté en buenas condiciones mecánicas, que cuente con el suficiente combustible. El vehículo es tu cuerpo y el combustible está en tu mente, que educa tu materia.

La mente humana tiene dos giros: Arriba o abajo. Dejarse llevar por los instintos, la comodidad, el placer, provoca una desconexión de las metas. De esta manera la carne jala a la mente hacia abajo, haciéndola cómplice quitándole un enfoque de crecimiento.

¿Cómo gira hacia arriba? La mente de un líder que está obteniendo escalas ascendentes, debe tener un gran control de sus deseos o evitar caer en una zona de confort. Teniendo cuidado de no cometer faltas a la ética y a la moral. Lo cual se logra con un gran trabajo interno. De esta manera nuestra mente no pierde su enfoque.

Cuando se es soltero en un liderazgo, es más probable que se dejen seducir por las tentaciones. Estudios han comprobado que la energía sexual es como la corriente de un río, que al estancarse en tu ser, llegará un momento en que se desborde, si no la sabes manejar.

Un liderazgo genuino es ir escalando niveles de la mano de tu cónyuge caminando a la par, dando buenos ejemplos de liderazgo con honestidad amor y respeto.

El enemigo a vencer en cada ser humano, es la propia carne. Puedes vencerla mediante un trabajo interno, a través de la lectura de desarrollo personal, de auto ayuda.

La lectura tiene un gran poder en la mente, similar al vuelo de un avión. Para despegar requiere de ir aumentando la velocidad. Así, al ir de la mano, se elevarán hacia el éxito.

Entre más alto este tu nivel de liderazgo, es más necesario adiestrar tu mente para controlar tus debilidades. Habiéndolo obtenido, este crecimiento terminará siendo un habitó permanente, convirtiéndose en el combustible para llegar a lograr tus sueños, que dará velocidad para lograr tu meta.

TEMA 8

CÓMO ALIMENTAR ALMA Y ESPÍRITU

El amor va más allá de un afecto positivo. Como valor es el único que considera la esencia del bien, que nos motiva, da fuerza, paz, alegría, tranquilidad.

Si nos referimos al amor en pareja, este no debe basarse en ilusiones, impulsos, porque tarde o temprano la realidad se manifiesta provocando desilusiones, convirtiéndose en relaciones que terminarán a futuro.

El amor verdadero demanda esfuerzo, perseverancia y tiene diversas manifestaciones. La madre que está embarazada le transmite amor a su hijo a través del tacto, de las palabras. Al nacer, mediante las caricias, besos, abrazos, etc.

El amor no tiene medida en el ser humano es algo vital para nuestra Alma y nuestro ser; es un alimento natural y regalo divino para nuestra alma, nadie llega a este mundo sin que le den una bienvenida de amor nadie se despide de esta vida sin que le den una gran despedida de amor.

El líder que estructure su vida con amor evitará el mal, la traición o el engaño a los demás en todas las áreas de su vida. Por lo cual, sus seguidores siempre estarán con él en todo momento.

Todo ser humano tiene alma cuyo alimento es el amor, que es la única dádiva que se devuelve de la misma manera. Amor con amor se paga. Principio original enseñado por un ser divino, que estuvo aquí con la humanidad.

Siempre habrá un lazo que amarra una convivencia en un negocio, trabajo o empresa por toda la vida.

Alimento para el espíritu

Si eres responsable de tu ser, se reflejará en tus actos.

En un alto liderazgo, nuestra carne se revierte en contra de tus buenas acciones. El líder que se mantiene en la cima, debe cultivar un crecimiento espiritual y del alma. Debilitando así, las acciones adversas de su carne, abriendo las puertas que se van encontrando en todos los caminos que conducen a la prosperidad.

Si eres un buen, lector que uno de cabecera sea el libro espiritual número uno de todos, su palabra es hermosa.

Se ha comprobado que en hospitales cuando las personas están inconscientes, el mejor regalo que les han brindado, es la lectura. Sus signos vitales se normalizan. ¿Sabes por qué? A título personal, porque escuchan una palabra divina. (Mateo 24:35.) *El cielo y la tierra pasarán, pero mis palabras no pasarán.* La razón es porque están a un paso de perder la vida y escuchan una palabra viva.

Ignoro si ya estás en la cima o no, pero te mantendrás en tanto no pongas un alto a tu crecimiento interno.

CAPITULO III

MÉTODOS DE CRECIMIENTO

Como ya se mencionó, la mente tiende a subir o bajar. Quien ha tomado la decisión de ascender, puede estar tranquilo, pues seguirá avanzando escalas día con día. De no ser así, es como si fuera a toda velocidad a un precipicio, sabiendo lo que le espera en el fondo.

A continuación 10 consejos que te pueden ayudar en tu crecimiento interno.

1 Enfrenta, supera aquello que no te permitirá alcanzar tus metas.

2 Clarifica los objetivos en tu plan de crecimiento personal. No pierdas la luz frontal por voltear a la obscuridad del pasado.

3 Plantéate nuevos objetivos, pues siempre se debe seguir hacia adelante, no puedes quedarte estancado.

4 Utiliza todas tus habilidades para superar algunas experiencias del pasado.

5 Crea sueños para tener la capacidad de mejorar por ti mismo cualquier situación actual.

6 Realiza cambios positivos que incluso tienen un sentimiento de dolor, para continuar creciendo.

7 Analiza y revisa qué paradigmas requieren ser modificados.

8 Desarrolla hábitos positivos y quédate con ellos.

9 Acude a tu cita de trabajo y de relación social, de acuerdo con tu crecimiento interior, siempre con más vigor, conocimiento y experiencia. Sobre todo, en el aspecto emocional.

10 Crea vínculos personales que te permitan seguir creciendo. Siempre necesitamos de los demás, porque no lo sabemos todo.

LA IMPORTANCIA DE EDUCARNOS EN TODAS LAS ÁREAS

TEMA 1

DECIDE SER POSITIVO

Valorarnos es fundamental, para lo cual se requiere de una educación interior.

Uno de los primeros obstáculos a los que se enfrenta una persona es a la programación limitada, la cual proviene de un mundo negativo. Nos comportamos de acuerdo con nuestra mente.

Si los pensamientos son generados por vivir dentro de un contexto de conformidad y pobreza, habrá más posibilidad de ser trasmitida a su próxima generación. La mente se desvía así, tomando un camino equivocado.

Ser positivo te permite percibir el mundo con efectividad, enmarcando así, tu persona. Vivir de esta manera, es una decisión que implica esfuerzo, trabajo, dedicación. Si percibes el mundo de este modo, lo positivo atraerá a lo positivo.

Cada uno proyecta al exterior, la forma en que percibe la vida. Cuando una persona positiva y otra negativa, tienen el mismo problema, la solución proyectará su esencia. Es decir, si se es negativo, probablemente la que se tome empeorará su vida.

Un ejemplo puede ser, aquella persona que por falta de un crecimiento interno, por un momento de arrebato o moda, se haya tatuado, y al correr del tiempo se arrepiente, mostrando vergüenza por ello.

El mensaje es, que tengas la capacidad para conducirte de una manera congruente, directa y equilibrada, que te permita controlar tu vida, con una actitud positiva. Lo que guía los controles, son los principios, si no aplicas estos últimos serás una persona descontrolada.

Algunos principios básicos que frenen el descontrol de tu vida son:

- No mentir.
- Respetar lo ajeno.
- No traicionar.
- Evitar la hipocresía.
- Cumple lo que prometes.
- No hables mal de nadie, trata bien a los ausentes para que retengas a los que te rodean. Esto será fundamental para mantenerte en la cima de tu liderazgo.

- Crea una reserva positiva en tu ser, porque nadie da lo que no tiene.
- Se honesto contigo primero, y así podrás serlo con los demás.
- Amate, antes de amar a los demás.

TEMA 2

TODO EN LA VIDA TIENE UN PRECIO

Cada persona puede realizarse por sí misma, cuando es consiente que es capaz de hacerlo y de que lo necesita. Ser exitoso, requiere de esfuerzo.

La suerte, es una circunstancia donde no existe trabajo. Es efímera, viene y va. Si la suerte fuera real no serviría de carnada en grandes juegos de apuesta, donde sabemos todo está programado al 100 % para perder. Un dicho dice que el que confía en la suerte tiene limpios sus bolsillos y muy sucia su casa. Por tanto, no se puede dejar a la suerte tu vida. Cuando esto llega, llámalo bendición, es lo correcto.

Para lograr tus metas debemos enfrentarnos a dos tipos de esfuerzo: El físico y el mental.

El mental, es aquel que se relaciona con la educación interior, con los hábitos, la disciplina, la motivación. Quien ha obtenido más que los demás, ha trabajado más para lograrlo. A mayor responsabilidad, mayor trabajo físico.

Imaginemos que se escala hacia la cima de una montaña, atado de un arnés por la cintura. Desafiando la gravedad, evitando en todo momento caer. Es lo mismo que emprender un liderazgo al éxito, es evitar caer al fracaso.

El éxito se va alcanzando a medida que se esté dispuesto a llegar a él, no importando el tiempo invertido, los desvelos, el esfuerzo físico invertido. Por esta razón la mayoría de la gente desiste al poco tiempo de empezar, nada es fácil en esta vida, todo cuesta.

Desgraciadamente, muchas personas desean tener éxito para ganar más, gastar más, trabajando menos. Lo cual, es imposible. Para fracasar, simplemente deja de esforzarte y llegarás sin problema al fracaso.

Permanecer en la cima, implica tener claro lo que deseas, contar con la fuerza interna, tener la mente abierta a aprender continuamente y trabajar sin descanso no solo hasta lograrlo, sino para mantenerse y seguir escalando.

Con disciplina trabajo y esfuerzo saca esa figura exitosa que está dentro de ti.

Una ocasión, preguntaron a un escultor, cómo podía haber creado de una gran roca una hermosa escultura, a lo cual respondió: - Yo no hice nada, esa figura estaba ahí. Lo único que hice fue quitar aquello que le sobraba, para después, raspar, pulir y limpiarla-.

Lo mismo sucede en el ser humano, cada persona guarda por naturaleza su figura exitosa, por ello debemos ser nuestros propios escultores. Nadie más que nosotros, podemos saber que nos sobra mediante un conocimiento interno, el cual está en tus cinco sentidos. Esto lo verás a continuación.

El tema que viene, se refiere a cómo desarrollar nuestros oídos interno y externo.

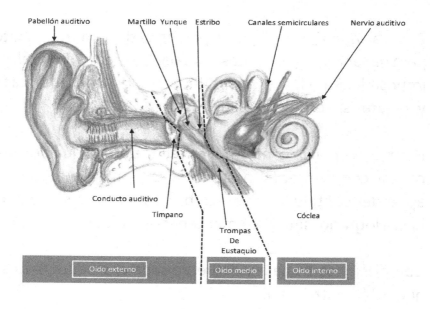

TEMA 3

FUNCIÓN DE LOS CINCO SENTIDOS

Nuestro cuerpo puede percibir lo que sucede a nuestro alrededor, gracias a los sentidos. A través de ellos, percibimos, conocemos, nos protegemos. Reciben estímulos, que capta el sistema nervioso, ejecutando la respuesta correspondiente.

Los sentidos son cinco:

1. El oído
2. El olfato
3. El gusto
4. El tacto
5. La vista

1 EL OÍDO

El oído, capta las ondas sonoras que se trasmiten en el aire; las mismas que llegan al tímpano detectadas generando un estímulo en células sensitivas que atreves del martillo y el yunque llegan al nervio auditivo enviando señales al cerebro para su decodificación auditiva. Por tanto, el tímpano es muy sensible a cualquier ruido, que debe ser moderado a nuestro alrededor y cuidar elementos sónicos que puedan dañarlos.

Además, los oídos son además de la audición, responsables de nuestro equilibrio.

2 EL OLFATO

Este sentido nos permite diferenciar los olores o aromas, su órgano es la nariz. Se relaciona con el sentido del gusto, ya que gran parte del sabor de los alimentos se complementa con su olor. Es necesario tener cuidado con lo que inhalemos, pues supervisa que no entren olores nocivos para los pulmones y a nuestro cerebro.

3 EL GUSTO

Los órganos del sentido del gusto son la lengua y el paladar. En ellos, se encuentran las papilas gustativas, encargadas de percibir los sabores: Ácido, dulce, salado, amargo.

4 EL TACTO

El órgano de este sentido es la piel, por ello, se extiende en todo nuestro cuerpo. Nos permite percibir formas, la textura suave tersa o dureza o también la temperatura. Empleamos generalmente a las manos para tocar.

5 LA VISTA

Sus órganos son los ojos que captan la luz que se proyecta en la retina, luego de pasar por el iris; en ese momento la captación generada pasa al cerebro a través del nervio óptico. Nos permite percibir el color, la forma, tamaño de Todo lo que nos rodea incluyendo nuestro estilo de vida, que abordaremos más adelante.

TEMA 4

CÓMO EDUCAR NUESTRO OÍDO EXTERNO

Educar nuestro interior es someternos a una serie de disciplinas y rutinas, hasta convertirlas en hábitos.

Si la gente con la que convivimos comparte una actitud positiva, el ascenso hacia el éxito será más factible. No se trata de ser el más feliz del mundo, sino el mejor.

Desafortunadamente, nos enfrentamos a situaciones negativas o adversas en la vida, que vivimos y escuchamos que pueden desviarnos del camino.

Para obtener un crecimiento interior, es necesario conocer a detalle el funcionamiento de nuestros órganos auditivos.

La audición comienza en el oído externo, el cual está formado por: la oreja o pabellón auditivo, el cual conduce el sonido al interior del oído, localizando su procedencia. El conducto auditivo, que como su nombre lo dice, conduce el sonido. En él se encuentra el cerumen que es una sustancia de consistencia cerosa (cerilla) que tiene la función de proteger. Y el tímpano, que es una membrana delgada que, al recibir los sonidos, vibra y los comunica al oído interno.

El canal del oído es un conducto curvo que en adultos mide en promedio 2.5 cm, influye en la respuesta en frecuencia del sistema auditivo.

TEMA 5

EL OÍDO MEDIO

El oído medio está formado por tres huesecillos: martillo, yunque y estribo y sus agregados músculos.

Una vez que las vibraciones del tímpano se han trasmitido al martillo y al yunque, las ondas sonoras continúan hasta llegar al estribo, que conecta con el oído interno con los canales sensoriales y el caracol o colea.

Cuando estas fibras se mueven, envían señales eléctricas al nervio auditivo que está conectado con el cerebro. Donde este procesa los datos de tal manera, que podemos seleccionar qué es relevante para la situación y comprenderlo.

Su función, además, es registrar los movimientos corporales, para mantenernos en equilibrio.

Pasemos a continuación al mensaje para educar nuestros sentidos para llevar un liderazgo sano, positivo y exitoso

TEMA 6

CÓMO ELEGIMOS LO QUE ENTRA A LA MENTE

El oído, es uno de los sentidos más importantes para nuestro desarrollo personal.

Gracias a la audición, recibimos información de nuestro exterior de forma continua, experimentamos emociones, recuerdos. Podemos escuchar a los demás y relacionarnos socialmente. El grado que tengamos en nuestra educación auditiva, se reflejará en nuestra persona, porque todo lo verbal que entre por tus conductos auditivos se ira al cerebro, ya sea algo productivo o no.

Así como nuestros oídos a lo largo del canal externo en la entrada contiene vellos minúsculos como un filtro para que no entren objetos dañinos, así se filtra toda basura verbal.

En el oído medio se encuentran el yunque y el estribo como guardianes o filtros, que impiden el paso a información nefasta.

Se debe estar preparado para estas circunstancias, evitando que esta información sea asimilada y afecte tus propósitos de éxito. Pues cada persona trae su propia información, la cual se ve reflejada en muchas áreas de su vida.

TEMA 7

CÓMO CONSERVAR LO QUE TE CONVIENE

Para conservar lo que te ha llevado a escalar altos niveles, se debe rechazar aquello negativo que pueda provocar tu caída. Cada uno elige conservar la información que más conviene.

Un líder con un enfoque claro y decisivo enfrenta las circunstancias, sin dejarse llevar por lo que escucha, ya sea positivo o negativo.

Por ejemplo: Cuando dos personas se enfrentan verbalmente, ambos ponen en juego su herramienta verbal y defienden sus ideas. Dicho diálogo tal vez intente quebrantarle, pero un verdadero líder se mantiene firme ante sus posturas, está preparado internamente, para los demás y para sí mismo.

Todo aquello que deseas alcanzar, decrétalo en voz alta, porque esa voz viene por la trompa de Eustaquio, de las cuerdas vocales, por el oído interno, el martillo y yunque, son órganos del oído externo, ya que estos son filtros o aduanas auditivas. Pongo esto como creencia, quizás recuerdes cuando escuchaste tu voz por primera vez. Ahí, en una grabación, notaste la diferencia de tu voz, no es lo mismo escucharla por el oído interno que del externo. La que escuchamos es la que percibimos con el interno desde nuestro nacimiento. Esa voz se va directamente al cerebro y se cumplirá lo que hablas. (Marcos 11: 23.) *Quien crea en lo que dice, le será concedido.*

Rechaza toda información negativa que estaba en espera (detenida en los guardianes) para entrar en tu mente. Por esta razón, *la Biblia nos dice que cualquier palabra decretada con nuestra boca, tiene mucho poder, y si no es apreciada o valorada, es palabra de vida o muerte. Porque la lengua las decreta (proverbios 18: 21.)*

Un líder que tiene definido su postura hacia un mundo positivo no temerá de todo aquello negativo que pueda rodearle. Por esta razón, la Biblia nos dice que, *cuidemos lo que sale de nuestra boca (Lucas 6:45.)*

Ahora ¿te das cuenta de la materia prima que tiene tu cuerpo para triunfar?

Para eso fuimos hechos, evalúa esta riqueza interior. Cada día fortalece a las células y órganos vitales de tu cuerpo. Aleja toda sustancia dañina, ama tu cuerpo, valórate.

TEMA 8

LÍDERES ESCALANDO HACIA LA CIMA, TOMADOS DE LA MANO

A lo largo de toda la historia de la humanidad se ha comprobado que en un liderazgo llevado en pareja y ya estando en la cima después de una separación el líder no puede permanecer ahí, en otras palabras, el liderazgo hasta ahí llego.

Se considera un liderazgo exitoso cuando la pareja permanece unida con sueños y metas compartidas, a pesar de los retos conyugales durante el ascenso.

Un líder es admirado por sus seguidores por el buen trato que dé a su esposa. Y ella será la compañera que lo impulsará en cualquier empresa o negocio. Lo que debilita a la esencia femenina es ser considerada y tratada como un objeto más en casa. La esencia femenina requiere por ello, de muchas atenciones. El líder que lo ignore, difícilmente logrará que su liderazgo continúe ascendiendo.

A continuación, podemos mencionar tres puntos muy importantes dentro de un matrimonio de alto liderazgo:

1 Debe ser tratada y escuchada como al inicio de su unión, demostrando con hechos lo que dices y lo que ella se significa como esposa como compañera, madre de tus hijos.

2 Siendo un esposo líder se tienen múltiples ocupaciones y responsabilidades, pero ello puede restar espacios de suma importancia a su esposa cuando no se equilibra el tiempo correctamente.

El matrimonio es como una planta que requiere de cuidado, amor y cariño. La armonía conyugal permanecerá gracias a una buena comunicación, donde ambos intercambien experiencias, sentimientos, deseos, pensamientos, se miren con atención a los ojos, y él le brinde tiempo de calidad.

3 Las mujeres se comprenden, no se busca entenderlas.

En la mayoría de los matrimonios, las discusiones surgen por falta de conocimiento y comprensión de las emociones femeninas, muchas veces provocadas por sus estados hormonales, que se trasmiten por su cercanía, *porque los dos son uno solo cuerpo, como se menciona en (Génisis 2: 24.*

Es importante mostrar amabilidad, delicadeza, brindarle seguridad, que reciba el trato de un caballero, tendrás una compañera en tu liderazgo de por vida.

A continuación, pasemos al último capítulo en el que enriquecerás tu personalidad, y conocerás a los que te rodean, incluso a ti mismo.

CAPITULO IV

ENRIQUECE TU PERSONALIDAD

Para ser líder es indispensable tener conocimiento sobre las diferentes personalidades dentro de las relaciones humanas, sin dejar de seguir enriqueciendo la propia. La flexibilidad, la tolerancia, la empatía, permiten adaptarse a la personalidad del interlocutor.

Existen cuatro personalidades: colérico, sanguíneo, melancólico y flemático. Algunas personas tienen la personalidad pura y otras una mezcla de ellas.

TEMA 1

EJEMPLO DE PERSONALIDAD
COLÉRICO-SANGUÍNEO
(PEDRO EL APÓSTOL)

La biblia nos dice que el apóstol Simón Pedro, pescador de oficio, quien era de temperamento más fuerte de los doce apóstoles, dio más problemas al mesías de Israel por su personalidad. Pues era, impulsivo, decidido, seguro.

Cuando él les reveló que lo apresarían, matarían y al tercer día resucitaría, Pedro fue capaz de decir que si fuese necesario moriría con él. Pero él mecías de Israel (Jesús) predice la traición de Pedro y el abandono de los discípulos (Mateo 26: 32. - 35.)

El señor (Jesús) le comenta a Pedro: Te *digo que esta misma noche, antes de que cante el gallo, me negarás tres veces (Mateo 26:34.) Cuando los soldados fueron a apresar al mesías de Israel al monte de los olivos, Simón Pedro traía consigo una espada, la cual desenvainó cortando la oreja derecha al siervo del sumo sacerdote (juan 18:10.)*

Simón Pedro era colérico-sanguíneo. En (Mateo 16: 23.)

El mesías (Jesús) le dio una fuerte reprensión por su personalidad bruta. "Y él, volviéndose, dijo a Pedro: ¡Quítate delante de mí, Satanás!; me eres tropiezo, porque no pones la mira en las cosas de mi padre (Dios,) si no en las de los hombres".

Es probable que lo intimido por varios días, la biblia no lo dice, pero creo así fue, pues los sanguíneos son propensos a ofender, pero fácilmente se arrepienten.

TEMA 2

CARACTERÍSTICAS DE UN COLÉRICO

El colérico es nervioso, desequilibrado. Muestra poco tacto y baja tolerancia, cuando se le dice algo que le molesta o desagrada, callando incluso de manera violenta. Es activo y actúa con rapidez. Es práctico en sus decisiones, sobre todo muy independiente.

Se fija objetivos y metas a corto plazo, porque se cree capaz y auto suficiente. Alta capacidad de atención, flexible a los cambios del ambiente que lo rodea.

Es muy ambicioso e impulsivo, por ello no toma en cuenta los posibles obstáculos o riesgos a los que pueda enfrentarse. Tiende a tratar de imponer sus ideas. Dominante y manipulador para lograr sus metas.

CUALIDADES DEL COLÉRICO

- Independiente

- No les exige a los demás lo que él no es capaz de hacer.
- Tenaz.
- Es un líder decisivo, seguro, firme
- Logra animar a los de más y sabe exhortar y no retrocede ante las malas circunstancias.
- Reacciona de forma decidida y rápida.

TEMA 3

DEFECTOS DE LA PERSONALIDAD COLÉRICA

- El colérico tiene problemas con su carácter violento.
- Es porfiado e insensible a las necesidades ajenas.
- Cuando no logra rápidamente lo que quiere, se desmotiva.
- Impaciente en los detalles.
- Carece de simpatía, es cortante, cruel.
- Impetuoso y violento.
- Le disgustan las lágrimas en rostros ajenos.
- Es vengativo con todos los que hacen injusticia.
- Es muy orgulloso y le cuesta mucho pedir una disculpa.
- Forza a los demás a que se acoplen a sus deseos.
- Difícil de complacer.
- Puede herir con toda la intención y gozar de ello.

TEMA 4

PERSONALIDAD SANGUÍNEA

CARACTERÍSTICAS:

1 Son extrovertidos.

2 No pueden estar quietos siempre están en movimiento.

3 No pueden estar callados su conversación es muy continua.

4 Con facilidad incumplen lo que prometen.

5 Son muy emocionales tienden a ser mucho uso de sus manos.

6 Se arrepienten con facilidad, pero con facilidad vuelven a lo mismo.

7 Con facilidad pierden lo que traen en sus manos bolsa de mano cartera llaves, etc.

8 Les gusta mucho la libertad y disfrutar del aire libre disfrutan de la naturaleza.

9 Todos los acontecimientos sociales les impactan incluyendo música o baile.

10 Son personas muy receptivas ante cualquier situación.

11 En la que deban tomar una decisión predominan los sentimientos sobre los pensamientos.

12 Es optimista y positivo y siempre está seguro del éxito si fracasa él no se preocupa por mucho tiempo se consuela fácilmente con su habilidad a realizar chistes de los demás.

13 Persuasivo cuando busca algo.

14 No le agrada la soledad.

PREFERENCIAS DEL GUSTO SANGUÍNEO

El sanguíneo posee un don tangible y visual por naturaleza, cuando realiza una compra debe estar satisfecho al tacto, a la vista.

Gustan de las actividades o profesiones que tengan que ver con relacionarse con los demás.

DEFECTOS:

- Indisciplinado y falto de voluntad.
- Inestabilidad emocional.
- Muy sensible
- No es rencoroso. Cuando se enoja y explota, lo olvida fácilmente.
- Inquieto y desorganizado.
- Constantemente olvidan o pierden las cosas.
- Ser extrovertido lo hace ver como una persona segura de sí misma, pero en realidad es una persona insegura.
- Temen al fracaso personal, rechazo o desaprobación de otros.
- Vanidosos, por lo que es sensible a la adulación.

TEMA 5

MELANCÓLICO
EJEMPLO DE JACOB

Jacob (Génesis 25:27.) Jacob, fue hermano gemelo de Esaú. Patriarca de todas las tribus de Israel. Era hombre pacífico, amable, sociable, que evitaba las confrontaciones. De un gran amor a la familia y una gran fe en su creador.

CARACTERÍSTICAS DEL MELANCÓLICO

Son personas analíticas y sensibles se enamoran fácilmente, amigos leales, perfeccionistas, disciplinados, perseverantes, creativos e idealistas. Honestos, fiables, siempre se puede contar con ellos, pues nunca abandona a nadie y menos en los peores momentos.

Son personas inquietas, ansiosas, impresionables. También son extremadamente ordenados, perfeccionan el trabajo que realizan con sus manos, introvertidos. Esperan que los demás, les busquen. Reflexivos, se toman su tiempo para calcular todos y cada uno de sus movimientos prefiriendo actuar por su cuenta.

Aman la vida en familia, a los amigos, y a diferencia de los sanguíneos no buscan la novedad, ni la aventura, de hecho la evitan a toda costa.

Una persona de temperamento melancólico es muy poco probable que se case con un extranjero o salga de su tierra natal, tratan de contribuir a la comunidad. Difícilmente emprenden un nuevo proyecto, pues siempre toman en cuenta pros y contras.

PREFERENCIAS EN SUS GUSTOS

Un melancólico es auditivo y tangible. El ruido le es desagradable porque aman el silencio. Si le visitas en casa, podrás percatarte en la perfección y acomodo de sus muebles, odia mirar un cuadro inclinado.

DEFECTOS DEL MELANCÓLICO

1 Tienden a deprimirse
2 Les gusta dar una imagen de sufridos o víctimas.
3 Son personas rencorosas y vengativas.
4 Son hipocondriacos.
5 Son indecisos.
6 Egocéntricos.
7 Tiende a compararse con los demás.
8 Deben luchar contra su actitud crítica.

9   Pueden ofenderlos fácilmente, hasta con una mirada.
10 Temperamental.
11 Puede llegar a ser vengativo.
12 Tiende a idealizar.
13 Sensible emocionalmente.

QUE ASPECTOS DEBEN CAMBIAR

1 No ser perfeccionistas.

2 No dejarse llevar por el corazón.

3 Perdonar y no ser rencorosos.

4 Dejar de sentirse víctimas.

5 No ser hipocondriacos.

TEMA 6

PERSONALIDAD FLEMÁTICA
EJEMPLO DE MOISÉS

Moisés, legislador y profeta de Israel, pertenecía a la tribu de Leví, hijo de Amram y Jocabed. Nace en Egipto en la época en que Israel era esclavo. Su madre lo esconde de los egipcios, colocándolo en una cesta depositándolo en el río Nilo, donde la hija del faraón lo encuentra y lo adopta.

Moisés (éxodo 4:10. -12.) Dice a su padre (Dios:) ¡Ay, Señor! Nunca he sido hombre de fácil palabra, ni antes, ni desde que tú hablas a tu siervo; porque soy tardo en el habla y torpe de lengua. Pero el señor le contesta: yo estaré en tu boca, y te enseñaré lo que hayas de hablar.

Se dice que Moisés, era reactivo, pues reaccionaba ante las circunstancias, compasivo, gran líder.

CARACTERÍSTICAS (ESTA PERSONALIDAD FUE ESCOGIDA PARA LIDERAR A DOS MILLONES DE PERSONAS EN CAMINO A LA TIERRA PROMETIDA)

1 Son tardos para contestar cuando platican con alguien
2 Lentos para realizar sus labores de trabajo
3 Son personas demasiado tranquilas muy serenas como si nunca tuvieran problemas, no discuten.
4 Son difíciles de enojar o alarmarse.
5 Son buenos amigos con bastante sentido del humor.
6 Les gusta ayudar a las personas cuando lo necesitan.
7 Tienen el don de hacer reír a las personas si ellos pierden la compostura.
8 Son personas muy responsables nunca llegan tarde a una cita o a su trabajo.
9 Son muy rutinarios.
10 Son buenos para dar consejos si se ofrece.
11 Son introvertidos si sufren algún dolor internamente entre ellos mismos se consumen sin compartirlo con nadie más.
12 Capaces y equilibrados.
13 Fríos, se toman su tiempo para la toma de decisiones.
14 Prefiere una vida tranquila, involucrándose lo menos posible en situaciones.
15 Cuida de su dinero.
16 Terco, pero a la vez diplomático.

TEMA 7

DEFECTOS DE LOS FLEMÁTICOS

1 Son personas dudosas, indecisas y temerosas.
2 Tercos con sus ideas.
3 Siempre procuran salirse con la suya.
4 No les gusta comprometerse.
5 Son provocativos y no les gusta perder su zona de comodidad.
6 Odian lo complicado.
7 apagan el entusiasmo de los demás y se resisten a los cambios
8 No les gusta salir de su zona de comodidad.
9 No quieren aceptar que es necesario en ocasiones, confrontar a las personas.
10 No se comprometen como tal, pues son perezosos.
11 Carece de energía para dar motivación

TEMA 8

CUALIDADES DEL FLEMÁTICO

Confiable y equilibrado, aunque de pocas palabras. Es practico sencillo, conservador, hábil, planifica su trabajo antes de empezar, influye apaciguando ánimos, confiable en lo que emprende, bondadoso.

QUE DEBEN DE MEJORAR EN ELLOS MISMOS:

1 No apagar el entusiasmo a los demás
2 No ser dudosos
3 Vencer los temores.
4 Aceptar que las cosas no salen a su manera.
5 Aceptar que no todo el tiempo se gana.
6 Aceptar que no todo es fácil.
7 Contestar más rápido y no desesperar a su inter locutor.

Estas son las personalidades del ser humano que puede proyectar en su diario vivir. Tener conocimiento de ellas, nos ayudará a entablar una convivencia más armónica con los demás, en búsqueda de una estabilidad emocional y económica en cada paso hacia la prosperidad y el éxito.

CONSIDERACIONES FINALES

La motivación es fundamental, no hay avance sin ella.

Lo importante no solo es llegar a la cima, es mantenerse mediante la motivación, la disciplina y el trabajo constante.

Acciones ejemplares de liderazgo, son mostrar un buen ejemplo y tratar a las personas con una gran calidad moral humana.

Conocer las características de las diferentes personalidades, permitirá comprender a los demás, establecer relaciones más armónicas con ellos, conocerte, beneficiando el trabajo en equipo y por tal motivo, el liderazgo.

El liderazgo en pareja trae grandes logros.

Para beneficio, debe filtrarse toda información negativa que se reciba del exterior, que pueda desviarnos del camino al éxito.

Es recomendable que se repase la lectura dos veces mínimo para un mejor entendimiento.

El liderazgo no se alcanza con soñarlo, tener un fuerte deseo, o una gran condición física. Se requiere también de cierta vocación para aceptar disciplinas internas, porque somos seres con tendencia a vivir, ganar, tener, disfrutar.

Se obtiene siendo positivo, persistente, con un deseo de aprender y dejar un legado, contar con una preparación respecto a relaciones humanas.

Lograr el éxito, implica que aceptes con humildad que estas formado de cuerpo, alma, espíritu. Pero es muy importante, que tomes las riendas de tu carne, alimentando a los otros dos, de lo contrario llegarás, pero no te mantendrás.

No te digo que dejes de alimentar tu cuerpo literalmente, pues este necesita estar en funcionamiento nutriéndose las 24 horas. Me refiero a frenarle en todos aquellos impulsos que puedan alejarte de tu sendero para llegar a la cima. No dejes de lado este conocimiento e imita la función del trompo porque el ser humano es muy similar, que para estar de pie necesita constante motivación.

Si requieres de contactar al autor de este libro para un seminario o conferencia, no lo dudes, puedes hacerlo a través de esta Editorial. Mi intención es apoyarte en tu crecimiento personal.

Quiero hacer de su conocimiento, que ha sido un honor para mí el que me hayan acompañado a lo largo de estas páginas, y los invito a que nos encontremos en otra edición.

CITAS BÍBLICAS

Las citas bíblicas fueron tomadas de los antiguos rollos originales de las sagradas escrituras.

PALABRA DE HASHEN

CITAS BÍBLICAS

Samuel 2: 22.	El profeta Elí pierde el liderazgo
Mateo 11: 29.	Quien mostro un liderazgo genuino
Levíticos 17: 11.	Alma y vida están en nuestra sangre
Timoteo 6: 10.	El amor al dinero
Lucas 22: 39.	Cuando iba a ser capturado
Lucas 23: 32.33.-34.	Al lugar llamado la calavera
Mateo 13: 1.	La Biblia registra una casa en la playa
Génesis 2: 7.	El señor forma al hombre
Levíticos 17: 11.	Alma y vida están en la sangre

Eclesiastés 12: 1.	El espíritu regresa con nuestro creador
Mateo 24: 35.	Porque escuchan una palabra divina
Marcos 11: 23.	Se cumple una palabra declarada
Proverbios 18: 21.	Una palabra es de vida o muerte
Lucas 6: 45.	Cuidemos lo que sale de nuestra boca
Génesis 2: 24.	Por su cercanía los dos son uno solo
Mateo 26: 32. -35.	Él predice la traición
Mateo 26: 34.	Me negarás tres veces
Juan 18: 10.	La oreja derecha
Mateo 16: 23.	Pedro era colérico
Génesis 25: 27.	Fue hermano gemelo
Éxodo 4: 10.-12.	Nunca he sido hombre de fácil palabra

Printed in the United States
by Baker & Taylor Publisher Services